Victor Sheinov

Técnica eficaz de prevenção e resolução de conflitos

Victor Sheinov

Técnica eficaz de prevenção e resolução de conflitos

ScienciaScripts

PREÂMBULO

Esta obra foi escrita por um especialista em gestão de conflitos que defendeu a sua tese de doutoramento no domínio da gestão de conflitos.

O livro descreve uma técnica que permite evitar e resolver conflitos da forma mais eficaz possível. Esta técnica foi desenvolvida pelo autor no âmbito dos seus cinquenta anos de experiência no apoio a pessoas que estavam envolvidas num conflito ou que o queriam evitar.

A eficácia da abordagem proposta foi confirmada por muitos anos de prática bem sucedida pelo autor e por aqueles que aprenderam esta técnica simples e eficaz.

O livro foi traduzido do russo para o inglês e revisto por Alexei V. Vdovichev, Professor Associado da Universidade Estatal de Linguística de Minsk.

Palavras-chave: prevenção e resolução de conflitos, técnica de gestão de conflitos, experiência de aplicação, genes de conflitos, fórmulas de conflitos.

TIPOS BÁSICOS DE CONFLITOS

Os mecanismos psicológicos de emergência espontânea e de aumento da tensão nas relações interpessoais [Sheinov, 2010] mostram que os conflitos podem ocorrer mesmo quando não existem contradições relevantes entre os participantes numa perspetiva de conflito. A razão para estes conflitos parece ser a imperfeição e mesmo a natureza conflituosa dos seres humanos.

A própria experiência profissional do autor como especialista em gestão de conflitos confirma estas conclusões. Esta experiência mostra que até 80% dos conflitos surgem espontaneamente e contra a vontade das pessoas envolvidas, uma vez que ninguém tem interesse neles. As emoções negativas como reação a uma coincidência desfavorável de circunstâncias desempenham o papel principal.

Estes conflitos podem ser definidos como *espontâneos*, uma vez que não surgem devido a contradições, mas devido ao mecanismo universal de aumento da tensão [Sheinov, 2010].Do ponto de vista dos participantes, estes conflitos *não estão preparados* porque não têm objetivo (não há um sujeito do conflito nem um objeto de reivindicações irreconciliáveis das partes). Mais tarde, os participantes recordam estes conflitos: *"Discutimos por acaso"*, ou seja, consideram-nos *aleatórios*.

Foi por isso que chamei a este tipo de conflito "aleatório" num dos meus trabalhos anteriores [Sheinov, 2007]. Além disso, verificou-se (será descrito mais adiante) que o mecanismo da sua emergência envolve um efeito de factores aleatórios.

Os conflitos não intencionais podem ser facilmente "reconhecidos" por duas características:

1)   *O inesperado absoluto, a rapidez* - ninguém suspeita que se vai tornar participante num conflito alguns segundos antes de este começar;

2)   *Não há vencedores em conflitos aleatórios* - todos os envolvidos perdem.

Uma caraterística essencial dos conflitos acidentais é a ausência de razões objectivas sérias para a sua ocorrência que sejam importantes para as partes. No entanto, não incluí este fator na lista supramencionada de características típicas dos conflitos acidentais, para não causar dificuldades adicionais no seu reconhecimento na prática. A razão para tal é que as duas características mencionadas são imediatamente definidas, enquanto que tentar analisar as razões requer tempo (que não está disponível quando um litígio se desenvolve rapidamente) e uma certa experiência na resolução de conflitos (que quase ninguém tem).

Passo agora a dar alguns exemplos de conflitos acidentais.

Um autocarro cheio de passageiros tombou súbita e violentamente durante a viagem. Os passageiros começaram a agredir-se uns aos outros. Alguém se magoou, alguém ficou ferido e atacaram o condutor com insultos e ameaças. O condutor também estava stressado porque quase atropelou um peão que atravessava a estrada à frente do autocarro que se aproximava - pelo que teve de travar a fundo.

Mas mesmo que não haja essa confluência desfavorável de circunstâncias, nos transportes públicos ou numa fila de espera, surgem conflitos porque alguém pisou acidentalmente o pé de alguém, esbarrou em alguém, não deu lugar a alguém, falou desrespeitosamente de alguém...

Muitos conflitos surgem devido a uma palavra desagradável, a uma ação inadequada, a intenções mal interpretadas de outra pessoa e a uma perceção de ameaça quando não há ameaça.
circunstâncias em que não existem contradições objectivas entre as partes em conflito.

O primeiro tipo básico de conflito é, portanto, o conflito aleatório.

Os conflitos não aleatórios são o segundo tipo básico. Caracterizam-se por contradições relevantes entre as partes em conflito. Regra geral, estas contradições acumulam-se e constituem a base de uma *situação de conflito.* A existência de uma situação de conflito é um traço caraterístico dos conflitos não aleatórios.

Vamos agora mostrar como as características acima mencionadas dos conflitos acidentais e não acidentais distinguem efetivamente estes dois tipos de conflitos. Como já foi referido, nos conflitos acidentais não existem contradições relevantes entre as partes. De facto, se existirem contradições relevantes entre as partes em conflito, o conflito não é inesperado, pelo menos para a parte que não está satisfeita com o estado de coisas existente (status quo). Esta parte é a iniciadora de um conflito, ela tenta mudar o status quo no seu próprio interesse, que é o seu objetivo conceptualizado.

Se ambas as partes tiverem acesso a um recurso indivisível (por exemplo, uma posição), o conflito entre elas não será inesperado para nenhuma delas.

A segunda caraterística de um conflito aleatório - a caraterística do não vencedor - também não se observa num conflito não aleatório. O que acontece é que em muitos conflitos não aleatórios, uma das partes consegue tornar-se vencedora e cada uma delas esforça-se por o conseguir.

A importante evidência de que os mecanismos de emergência dos conflitos acidentais e não acidentais são completamente diferentes aponta para as diferenças fundamentais destes conflitos.

Os conflitos acidentais podem ativar contradições "adormecidas" que se tornam subitamente relevantes no contexto da deterioração das relações, dando assim origem a um conflito não acidental. Inversamente, os conflitos de natureza acidental podem surgir na sequência de um conflito não acidental e das relações hostis que dele resultam.

MECANISMO DE EMERGÊNCIA DOS CONFLITOS ALEATÓRIOS

Os genes dos conflitos e a lei da sua escalada desempenham um papel fundamental na emergência de conflitos aleatórios.

Os genes do conflito são "vírus" de conflitos aleatórios.

Inicialmente, dei a definição de "gene do conflito" num dos meus trabalhos [Sheinov, 1996]. Os genes do conflito são palavras e acções (ou inação quando é necessário agir) que podem levar ao conflito.

A palavra "*pode*" é uma palavra-chave, pois revela o perigo dos genes de conflito. O facto de nem sempre conduzirem ao conflito faz com que, por vezes, os ignoremos. Por exemplo, uma saudação rude nem sempre conduz a um conflito, e muitas pessoas que se comportam de forma rude pensam que as coisas se vão resolver. No entanto, a rudeza conduz frequentemente a conflitos. Por conseguinte, a rudeza é um gene de conflito - *pode* levar ao conflito.

Os autores que, mais tarde, adoptaram o termo "gene do conflito", mas escreveram na sua definição as palavras "*conduz a um conflito*" em vez de "*pode conduzir* a um *conflito*", distorceram o verdadeiro significado do termo. Eles definem um gene de conflito como uma verdadeira causa de conflito. Isto faz com que o conflito seja previsível e não haja aleatoriedade. No entanto, são conflitos aleatórios que são contemplados e é impossível prever quando irão ocorrer. Um gene de conflito, neste sentido, é uma propriedade "aleatória", semelhante a um vírus: pode ou não levar a um conflito - depende da coincidência aleatória de outras circunstâncias. Por conseguinte, proponho que se considerem os genes de conflito como "vírus de ordem aleatória".

É de notar que os genes do conflito podem incluir entoações agressivas, desdenhosas e semelhantes no discurso, expressões não verbais

"

como um rosto hostil, poses agressivas e gestos que podem ser interpretados como hostis.

A natureza e a insidiosidade dos genes do conflito podem ser explicadas da seguinte forma. Somos muito mais sensíveis às palavras e acções dos outros do que às nossas próprias expressões. Por exemplo, existe a opinião de que as mulheres não dão importância ao que dizem, mas dão grande importância ao que lhes é dito. Na realidade, todos nós fazemos o mesmo, e não são só as mulheres.

A nossa sensibilidade particular às palavras e acções que nos afectam é uma defesa psicológica de nós próprios e da nossa própria dignidade contra possíveis lesões. Mas não somos tão vigilantes em relação ao sentido da dignidade (e a outros sentidos) e, por isso, não prestamos tanta atenção às palavras e acções que podem colocar os outros em apuros.

Escalada do conflito gene Direito

A escalada dos genes dos conflitos O direito desempenha um papel decisivo na emergência de conflitos aleatórios:

A nossa resposta a um gene de conflito é normalmente um gene de conflito mais forte.

Um gene de conflito é considerado mais forte se *tiver mais hipóteses* de conduzir a um conflito.

Os mecanismos psicológicos de escalada espontânea da tensão, que já descrevi [Sheinov, 2010], são um suporte teórico da lei da escalada dos genes do conflito.

A escalada dos genes de conflito pode ser explicada em termos simples da seguinte forma. A vítima que recebeu um gene de conflito quer compensar a sua perda psicológica, quer livrar-se da irritação respondendo à ofensa com um insulto. Ao mesmo tempo, a reação não deveria ser mais fraca, mas é ainda mais forte: é difícil resistir à tentação de dar uma boa lição ao agressor, para que este não volte a comportar-se da mesma forma mais tarde. O resultado é que o poder dos genes do conflito aumenta rapidamente.

Porque é que isso acontece? Infelizmente, faz parte da nossa natureza - reagimos de forma dolorosa a insultos e ofensas e mostramos agressividade recíproca.

Certamente que a capacidade de se conter ou - melhor ainda - de perdoar a ofensa está mais de acordo com os requisitos de uma moral elevada. Todas as religiões e ensinamentos éticos apelam a isso, mas apesar de todas as exortações, educação e formação, o número daqueles que querem "dar a outra face" não está a aumentar.

O que se passa é que a necessidade de segurança, de uma existência confortável, de preservação da própria dignidade tem a ver com necessidades humanas básicas, pelo que a tentativa de as satisfazer é extremamente dolorosa.

O que é que o autor defende? Desafio-o a aprender a resistir à escalada do conflito e em breve mostrar-lhe-ei como fazê-lo.

Ignorar a regularidade da escalada do conflito conduz diretamente ao conflito. Quero que todos se lembrem disto. Assim, haverá menos conflitos, especialmente os aleatórios, nos quais nenhum participante está interessado.

Durante os estudos que realizo constantemente sobre este tema, alguns formandos comparam a lei da escalada dos conflitos com a conhecida lei do movimento: a cada ação segue-se uma reação igual e oposta.

Existem, de facto, muitas semelhanças, mas também algumas diferenças importantes. A primeira diferença é que a reação das pessoas é normalmente mais forte do que (e não igual a) uma ação; a segunda é que a lei do movimento funciona independentemente da nossa vontade, embora todos nós sejamos capazes de travar a escalada do conflito, isso está ao nosso alcance. Onde há vontade, há um caminho.

Mecanismo universal para a emergência de conflitos aleatórios

Este mecanismo pode ser visto na Figura 1.

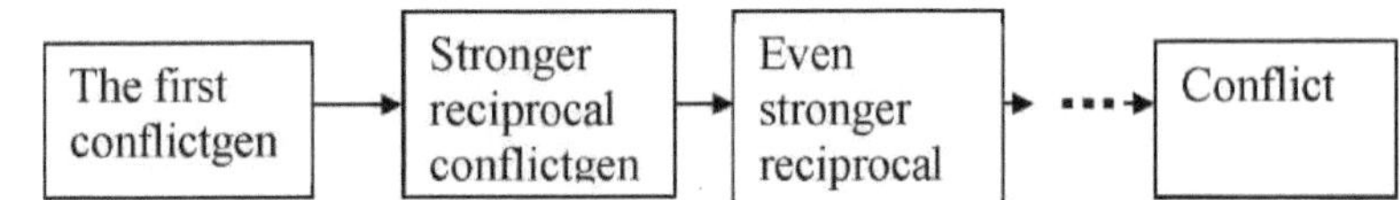

Fig. 1 Mecanismo de emergência dos conflitos aleatórios [Sheinov, 1996].

O diagrama ajuda a compreender por que razão um conflito surge geralmente de forma espontânea e sem a vontade das pessoas envolvidas.

O primeiro gene do conflito pode não estar preparado, pode resultar de uma confluência casual de circunstâncias em que as partes em conflito não têm nada para fazer. (Este status quo particular ocorreu no conflito do autocarro acima mencionado: O primeiro gene do conflito é o aparecimento súbito de um homem em frente ao autocarro, que atravessa a rua a correr).

Depois disso, entra em vigor a lei sobre a escalada dos conflitos... e o conflito torna-se evidente.

Uma situação quotidiana: é de manhã. Os pais estão a caminho do trabalho. A filha já tomou o pequeno-almoço e foi para a escola. O pai entra na cozinha e ... toca acidentalmente na chávena que a filha colocou na borda da mesa com a saia do seu casaco. A chávena cai no chão e parte-se em pequenos pedaços. A mulher, que estava a maquilhar-se calmamente em frente ao espelho no corredor, entra a correr na cozinha:

- Que desastrado que és! Vais partir a loiça toda lá de casa, - grita ela ao marido.

- Isso é porque está tudo no sítio errado!

- Eles só apontam para isso! Nunca limpas o que fazes!

E assim por diante.

Isto estraga o ambiente e dificilmente há um vencedor neste conflito.

De facto, este episódio está cheio de genes de conflito. O facto de a rapariga colocar a chávena na borda da mesa é o primeiro deles (é uma inação, enquanto a ação de tirar a chávena é necessária). Este gene de conflito pode conduzir a um conflito, mas não tem de o fazer. O segundo gene de conflito é a falta de jeito do homem que partiu a chávena. Depois, tudo depende da reação da mulher. No entanto, de acordo com a lei da escalada, ela não tenta aliviar a tensão ("uma chávena partida significa felicidade"), mas passa mesmo do caso individual para a conclusão geral e faz comentários pessoais. O marido, que tenta desculpar-se, actua da mesma forma, de acordo com o princípio de que o ataque é a melhor defesa.

Se sabe como surgem os conflitos aleatórios, também sabe como os pode evitar.

CINCO REGRAS PARA UM COMPORTAMENTO SEM CONFLITOS

A primeira regra. **Não utilizar os genes do conflito.** Coloque-se no lugar do seu parceiro: não se sentiria ofendido se ouvisse algo assim? Pense na probabilidade de a posição dessa pessoa ser mais vulnerável do que a sua. É mais fácil aplicar esta regra se conhecer todas as possíveis fontes de conflito. Mais tarde, apresentarei a lista de todos os genes de conflito conhecidos.

A segunda regra. **Não reagir a um gene de conflito com um gene de conflito.**

Não pense logo à partida que a pessoa o está a tentar insultar - pode parecer que sim. Atrase a sua resposta, faça uma pausa. Lembre-se: se não parar agora, será quase impossível fazê-lo mais tarde - o poder dos genes do conflito aumenta muito rapidamente! A regra seguinte facilitar-lhe-á a aplicação desta recomendação.

A terceira regra. **Olhar para a situação na perspetiva do "infrator".** Imagine os pensamentos e sentimentos dele causados pelas circunstâncias, pelas suas palavras e acções. (Empatia é a capacidade de "se colocar no lugar do outro"). Uma pessoa que parece ser um agressor pode não o ser. Muitas vezes, apenas parece. Muitas vezes, é apenas o que parece.

A quarta regra. **Ser amigável com as outras pessoas sempre que possível.**

A bondade é o oposto de um gene de conflito. Ela engloba tudo o que eleva o espírito humano: Elogios, cumprimentos, um sorriso simpático, atenção, interesse pela personalidade, simpatia, atitude respeitosa, etc.

Os genes do conflito preparam-nos para uma luta; são acompanhados pela libertação de adrenalina no sangue, que está associada à agressividade. A simpatia, por outro lado, prepara-nos para uma comunicação agradável e sem conflitos e desencadeia a libertação das chamadas "hormonas da felicidade" - as endorfinas.

Cada um de nós precisa de emoções positivas, por isso, uma pessoa que mostra bondade torna-se uma companhia bem-vinda e fica assim protegida de conflitos.

A 5ª regra. **Fazer declarações preventivas para evitar o aparecimento de conflitos.**

Vejamos uma situação do quotidiano. Um homem e uma mulher que vivem no mesmo prédio estão à espera de um elevador. Ele não sabe se ela conhece uma regra ética que diz que um homem deve entrar primeiro no elevador. Se ela não conhecer esta regra, podem colidir ao entrar no elevador (um gene de conflito). Se ela conhecer esta regra e ele se oferecer para entrar primeiro, pode parecer um ignorante. Então, o que fazer? Uma pessoa que conhece a regra do comportamento sem conflitos resolveria facilmente o problema. Aproximar-se-ia do seu vizinho:

- Algumas mulheres do nosso prédio não sabem que é uma regra ética que um homem deve entrar primeiro num elevador.

- Eu sabia! - é assim que as mulheres costumam reagir a este tipo de situações. Não importa se ela sabia ou não, ela foi capaz de evitar o conflito - isso é o mais importante.

Aqueles que não têm medo de mostrar a sua ignorância fazem perguntas:

- Porquê, pergunto-me eu?

- Já houve casos em que um elevador caiu no poço e a primeira pessoa a entrar ficou ferida.

No entanto, o objetivo foi alcançado: a terceira e a quinta regras ajudaram a evitar conflitos.

Na situação descrita, junto ao elevador, há uma forma de evitar conflitos, aplicando a quarta regra de comportamento sem conflitos, nomeadamente prestando atenção à mulher.

- De que piso precisa?

- O oitavo, por favor.

- Então vai lá, eu saio mais cedo.

A CLASSIFICAÇÃO DOS GENES DE CONFLITO

[stnd]É mais fácil observar as regras 1 e 2 do comportamento sem conflitos se souber o que pode ser considerado como genes de conflito. A lista completa e a classificação dos mesmos contribuem para isso.

Todos os genes de conflito conhecidos pelo autor podem ser atribuídos a um dos seis tipos:

1) *A procura da superioridade;*

2) *Mostrar agressividade;*

3) *Expressão de egoísmo;*

4) *Violação dos regulamentos;*

5) *combinação desfavorável de circunstâncias;*

6) *Situação de incerteza.*

Os primeiros quatro tipos estão unidos pelo facto de os genes do conflito serem uma expressão do estado interior de um sujeito de interação. O quinto tipo é um reflexo de factores externos aleatórios. O sexto tipo pode dever-se tanto a factores internos como externos. Vejamos agora em pormenor os tipos de genes de conflito acima referidos.

O primeiro tipo de gene do conflito: a luta pela superioridade

Os genes de conflito deste tipo estão unidos pelo facto de todos eles pressuporem psicologicamente uma "ligação de cima" ao parceiro de comunicação. Apresentam-se sob diversas formas:

a) ***Expressões directas de superioridade:*** uma ordem, uma ameaça, uma repreensão ou outro juízo negativo, uma crítica, uma acusação, uma zombaria, um escárnio, um sarcasmo.

b) ***Uma atitude paternalista****, isto é, *uma demonstração de superioridade,* mas *com um toque de benevolência*: "Não te ofendas", "Acalma-te" (que não te acalma, mas antes te irrita), "Como é que não sabes isso?", "Não consegues perceber isso?", "És uma pessoa inteligente, mas ages...". Numa palavra, é o desrespeito por um ditado famoso: "Se te achas mais esperto do que os outros, pelo menos não o digas a ninguém".

Estes conflitos incluem também, por exemplo, um tom paternalista:

Um marido elogiou a sua mulher por uma refeição saborosa. No entanto, ela ficou ofendida porque ele o disse num tom paternalista e ela sentiu-se como uma cozinheira.

c) **A vanglória** - *a* descrição entusiástica dos próprios sucessos reais ou imaginários - provoca irritação no ouvinte, o desejo de pôr o vangloriador no seu lugar.

d) **Categóricas** - estas expressões de auto-confiança pressupõem a submissão do interlocutor. Incluem qualquer tipo de enunciado que seja dito num tom categórico, especialmente *"Eu acredito...", "Eu tenho a certeza...".* Em contrapartida, os enunciados menos contundentes são mais tácteis: *"Penso que...", "Parece-me que...", "Tenho a impressão que...",* etc.

Este tipo de conflito também inclui frases de apelo como *"Todos os homens são maus!", "Todas as mulheres são mentirosas!", "Todas roubam!", "... Vamos acabar com esta conversa!"*

A categorização dos pais em termos de música, vestuário e padrões de comportamento que são comuns entre os jovens é um fator de conflito que pode afastar os filhos deles.

Uma mãe diz à filha: "O teu novo namorado não está à tua altura!" A filha insulta então a mãe. É possível que ela veja os defeitos do namorado, mas é a categorização do julgamento que desencadeia o protesto. Uma outra reação é aparentemente provocada pelas palavras da mãe: "Parece-me que ele é um pouco inseguro e faz juízos errados sobre o que sabe. Mas talvez eu esteja enganada, o tempo o dirá".

e) **Imposição de conselhos:** A pessoa que dá conselhos está essencialmente a assumir uma posição superior. Há uma regra: só dar conselhos quando alguém lhos pede. Eis uma das observações:

Uma condutora de tróleis decidiu, por sua própria iniciativa, informar os passageiros sobre vários temas durante a viagem: Regras de trânsito, regras de bom comportamento, etc. O altifalante no interior do autocarro não parou e continuou a repetir as orientações. Os passageiros mostraram-se unanimemente indignados com este "serviço" intrusivo e muitos queixaram-se de ter saído do trólei de mau humor.

f) **Interromper um parceiro de diálogo, levantar a voz** *ou quando uma pessoa corrige outra* - isto demonstra superioridade, - os seus pensamentos são mais valiosos e é ele que deve ser ouvido.

g) **Ocultação de informação.** Por exemplo, quando um gestor esconde informações dos seus subordinados, mas fá-lo por bons motivos, para não os perturbar com más notícias.

No entanto, a falta de informação provoca ansiedade. A natureza abomina o vácuo, e o vácuo enche-se de suposições, rumores, mexericos, que podem ser ainda piores do que a informação escondida. Mas o mais importante é a desconfiança em relação à pessoa que escondeu a informação, e isso é uma fonte de conflito.

A crise financeira global que começou em 2008 mostra as graves consequências que a perda de confiança pode ter. Os actores políticos deixaram de confiar uns nos outros e de conceder empréstimos, o movimento de capitais parou e, consequentemente, muitas empresas, privadas dos meios de defesa necessários, começaram a reduzir a produção, a despedir trabalhadores, etc.

h) **A troça:** o seu objeto habitual é alguém que não sabe responder a uma reprimenda merecida. Os que gostam de troçar devem lembrar-se que a língua má é condenada como vício desde os tempos mais remotos. No primeiro Salmo de David, por exemplo, os zombadores são condenados juntamente com os ateus e os pecadores. E há uma razão para isso: aquele que foi escarnecido procurará uma oportunidade para responder ao insultador.

i) ***Mencionar algo que é desagradável para um parceiro de diálogo.*** Pode ser intencional ou não intencional.

Houve casos de comportamento paradoxal quando uma pessoa salva se mostrou rancorosa para com o seu salvador. Este paradoxo explica-se pelo facto de a pessoa, ao ver aquele que a salvou, voltar a sentir-se desamparada, com a sua vida completamente dependente de outra pessoa. O sentimento de gratidão da pessoa salva é gradualmente substituído pela irritação, pelo sentimento de ser inferior à pessoa que a salvou e a quem deve estar grata toda a vida.

Tácito disse um dia: "*As boas acções dão prazer enquanto se acredita que se pode retribuir. Quando isso deixa de acontecer, a gratidão é substituída pelo ódio*". Não é por acaso que os mandamentos cristãos (e não só eles) nos convidam a fazer boas acções não por gratidão, mas para seguir os ditames do nosso próprio coração. Se fizeste uma boa ação para outra pessoa, liberta-a da necessidade de ficar em dívida para contigo, porque (como disse um dia F. Shiller) "a gratidão é a coisa mais esquecível".

O segundo tipo de gene de conflito: O exercício da agressividade

A palavra latina "*aggressio*" significa "*ataque*". É um comportamento destrutivo justificado que contradiz as normas (regras) de convivência das pessoas em sociedade, causa danos aos objectos de ataque (tanto animados como inanimados), causa danos físicos ou desconforto psicológico nas pessoas (sentimentos negativos, estado de tensão, ansiedade, depressão, etc.).

Existem os seguintes tipos de agressão: 1) *agressão física* (ataque) - o uso da força física contra outra pessoa ou objeto; 2) *agressão verbal* - a expressão de sentimentos negativos tanto pela forma (discutir, gritar, berrar) como pelo conteúdo das reacções verbais (ameaçar, amaldiçoar, insultar); 3) *agressão direta* - dirigida diretamente contra um objeto ou sujeito; *agressão indireta* - acções dirigidas indiretamente contra outra pessoa (mexericos maliciosos, piadas indelicadas, etc.) e acções caracterizadas pela falta de orientação e irregularidade (explosões de raiva expressas por um grito, bater com o punho, etc.).) e acções caracterizadas pela falta de orientação e pela irregularidade (explosões de raiva expressas num grito, bater com os pés, bater com o punho, etc.).) e acções caracterizadas por falta de orientação e irregularidade (explosões de raiva expressas em gritos, bater com os pés, bater com o punho na mesa, etc.).)); 5) *agressão instrumental,* que é um meio para atingir um determinado objetivo; 6) *agressão hostil* - manifesta-se em acções que visam prejudicar o objeto da agressão; 7) *auto-agressão* - agressão que se manifesta em autoacusação, auto-humilhação, auto-mutilação, até ao suicídio; 8) *agressão altruísta, que* visa proteger os outros das acções agressivas de outra pessoa.

O comportamento agressivo é uma das formas de reação a diversas situações de vida física e psicologicamente desfavoráveis que provocam stress, frustração, etc.

Psicologicamente, a agressão é um dos meios para resolver problemas relacionados com a individualidade e a identidade, a defesa e o reforço do sentido de importância, a autoestima, o nível de exigência e a manutenção e reforço do controlo sobre o ambiente. As acções agressivas servem como: 1) um meio de atingir um objetivo específico; 2) um meio de relaxamento psicológico; 3) um meio de satisfazer necessidades de auto-realização e auto-afirmação [Großes Psychologisches Wörterbuch, p. 19].

A agressividade, enquanto traço de personalidade, pode também manifestar-se situacionalmente, como reação às circunstâncias que surgiram. A agressividade pode ser dividida em natural e situacional.

a) **Agressividade natural.** Algumas pessoas são agressivas por natureza.

Tive a oportunidade de conhecer gestores e cientistas excepcionais que admitiram que não conseguiam trabalhar de forma eficiente durante o dia se não tivessem discutido com alguém de manhã.

Uma pessoa com agressividade elevada é naturalmente conflituosa, é um "gene de conflito ambulante". Uma pessoa com uma agressividade abaixo da média corre o risco de conseguir na sua vida menos do que merece devido à sua fraca vontade. A ausência total de agressividade, a complacência, a incapacidade de conseguir o que quer. Uma pessoa assim é facilmente conduzida por outros, o que pode levar a conflitos. Pense, por exemplo, em Buzykin, a personagem principal do filme "*Maratona de outono*": atormenta-se a si próprio, atormenta a família e os amigos, tudo por causa da sua fraca vontade.

b) **A agressão situacional** é uma reação a um gene de conflito recebido, às circunstâncias desfavoráveis que surgiram: dificuldades (pessoais, na família ou no trabalho, etc.), mau humor e os próprios maus sentimentos.

No conflito acima mencionado sobre a chávena partida, os genes do conflito - as declarações da mulher e do marido - são uma expressão da agressividade situacional.

É de notar que os conflitos do tipo "luta pela superioridade" e "manifestação de egoísmo" também podem ser associados a um dos tipos de agressão - a agressão oculta. Isto porque são a manifestação de uma violação da dignidade e dos interesses humanos, ainda que disfarçada.

Quando os genes do conflito aumentam, a agressão encoberta é repelida por uma agressão aberta mais forte.

O terceiro tipo de gene de conflito: Egoísmo

Todas as manifestações possíveis de egoísmo são propensas a conflitos, porque um egoísta luta por algo para si próprio à custa dos outros, e esta injustiça serve certamente de motivo para conflitos.

Eis algumas formas típicas e comuns de conflitos genéticos relacionados com as manifestações do egoísmo:

a)	**Engano ou tentativa de engano** - um meio de atingir um objetivo de forma desonesta;

b)	**transferir a responsabilidade para outra pessoa.**

Um estudante que não tinha forma de guardar dinheiro em casa pediu a um amigo que lhe guardasse uma grande quantia em dólares. O amigo escondeu-a em casa. Pouco tempo depois, um familiar visitou-o e descobriu acidentalmente o envelope que continha os dólares. Trocou-os por dólares falsos, alegando uma mudança de circunstâncias, e foi-se embora. A troca foi descoberta quando o estudante tentou pagar com o dinheiro depois de o ter recebido. Seguiu-se uma discussão acesa.

O que é que levou a isto? O estudante transferiu a responsabilidade pela segurança do dinheiro para o seu amigo (este é o primeiro gene de conflito), o amigo concordou sem ter as condições prévias necessárias (este é o segundo gene de conflito). A substituição dos dólares é o terceiro gene de conflito *(engano)*.

c)	**Pedir dinheiro emprestado.** O provérbio seguinte não é uma coincidência: "*Se queres perder um amigo, empresta-lhe dinheiro*". É uma variação da transferência de responsabilidade do devedor pelas suas dificuldades financeiras para a pessoa que lhe empresta o dinheiro: se o dinheiro não for devolvido, é ele que sofre e não quem criou a situação.

O quarto tipo de conflito: Quebrar as regras

Em rigor, as regras são criadas para evitar conflitos. A violação das regras favorece o conflito, ou seja, promove o conflito.

As regras mais importantes para o homem moderno incluem as regras de trabalho, as regras de trânsito, as regras de segurança, as regras de prevenção de incêndios, as normas de comportamento social, as regras éticas, etc.

As infracções às regras éticas podem ser intencionais ou não intencionais. Estas incluem não cumprimentar, causar incómodo (empurrar, pisar acidentalmente os pés, etc.) sem pedir desculpa; não pedir a um cliente para se sentar, saltar a fila, chegar atrasado a uma conferência, a um estudo e, assim, incomodar os presentes; chegar atrasado a uma reunião, a um compromisso; comportar-se ruidosamente, incomodar os vizinhos a altas horas da noite, etc.

O quinto tipo de gene do conflito: uma combinação desfavorável de circunstâncias

O primeiro gene do conflito pode muitas vezes surgir contra a vontade de uma pessoa através de uma confluência de circunstâncias. Foi o que aconteceu nas situações já referidas do copo partido e da travagem brusca do autocarro.

As circunstâncias que conduzem a conflitos deste tipo incluem a espera numa fila irritante, o contacto com uma pessoa zangada, notícias ou incidentes desagradáveis, a incapacidade de cumprir uma promessa, o mau tempo (calor, frio, chão coberto de gelo, chuva intensa, vento forte), deficiências no funcionamento de um serviço de transportes públicos, etc. Isto pode acontecer especialmente em transportes públicos apinhados, onde pode ser empurrado por outros passageiros, onde pisa as pernas ou onde o cheiro é desagradável.

A investigação do antropólogo americano A. T. Hall demonstrou que cada pessoa percepciona um determinado território à sua volta como espaço pessoal. Funciona como uma extensão do seu corpo, como uma vedação que rodeia a sua casa. Esta zona é conhecida como a zona íntima e tem até 46 cm de comprimento. Os pais, os filhos, os cônjuges, os amantes têm acesso a ela. Dentro desta zona existe uma sub-zona que se estende até 15 cm e que se chama super íntima. Os completos estranhos, que por acaso são companheiros de viagem, "penetram" nesta zona (sem terem autorização para o fazer!).

Por conseguinte, os numerosos conflitos nos transportes públicos estão na ordem do dia.

O sexto tipo de gene do conflito: Estado de incerteza

Isto acontece, por exemplo, quando: 1) são feitos acordos verbais ou é assinado um acordo em que algumas palavras podem ser interpretadas de forma diferente; 2) é dada uma ordem verbalmente sem verificar se foi compreendida corretamente.

Um diretor que estava em viagem de negócios telefonou à sua secretária para lhe dizer que estaria de volta às 12 horas. A secretária disse que enviaria um carro. No entanto, o carro não foi enviado para o comboio. Quando o patrão indignado telefonou, a secretária respondeu que pensava que era meio-dia porque ele chegava sempre a essa hora.

Relativamente aos genes de conflito do sexto tipo, o autor formulou um aforismo*: "Quanto menor for a incerteza, mais fortes e estáveis são as relações".*

COMO EVITAR GENES DE CONFLITO

Não procurem a superioridade.

O notável pensador chinês Lao-Tse ensinou: "*Os rios e riachos dão a sua água aos mares porque estes são mais baixos do que aqueles. Se uma pessoa quer elevar-se acima dos outros, deve manter-se mais baixa do que eles*".

É útil lembrar que qualquer demonstração de superioridade é uma via direta para o conflito, uma vez que uma pessoa é uma fonte de conflito e desencadeia reacções negativas dos que a rodeiam.

Há uma ideia maravilhosa expressa por Buda: "*A verdadeira vitória é aquela em que não há vencidos*". É evidente que o vencido tentará vingar-se, acertar as contas. Por outras palavras, a vitória de uma pessoa obriga a sua vítima a contra-atacar.

Como controlar a sua agressividade

A irritação reprimida precisa de ser libertada. No entanto, se for libertada sob a forma de conflito, conduz ao conflito. Leo Tolstoy disse um dia: "O que começa com raiva acaba com vergonha".

Mas se não desabafarmos, isso prejudica a nossa saúde: a tensão arterial elevada, as úlceras gástricas e duodenais são doenças causadas por emoções reprimidas. Diz-se: "As úlceras de estômago não são causadas pelo que comemos, mas pelo que nos come".

As emoções devem, portanto, ser libertadas, e esse relaxamento é vital para uma pessoa. Mas não é uma forma de desabafar com outras pessoas. É uma aberração da natureza.

Há três maneiras de se libertar da agressão acumulada.

O método passivo consiste em chorar para alguém, queixar-se, dizer o que pensa. O efeito terapêutico deste método é realmente grande. As mulheres estão numa posição favorável: parte-se do princípio de que os homens não se devem queixar e muito menos chorar. As lágrimas libertam as tensões interiores porque servem para eliminar as enzimas perigosas que desencadeiam o stress. Proporcionar alívio é uma das funções mais importantes das lágrimas.

Encontre alguém que o ouça com compaixão e sentir-se-á melhor. Pode sempre encontrar uma pessoa assim entre os seus familiares. Fale com o seu marido (mulher) sobre os seus problemas diários. Não só lhe dará alívio, como esta abertura também fortalecerá a sua família.

Os métodos activos são baseados no movimento. A adrenalina associada à tensão é gasta durante o trabalho físico, nomeadamente o trabalho associado à destruição de um todo, à sua decomposição em partes: escavação, trabalho com machado ou serra, corte de relva.

Os desportos que envolvem golpes são mais eficazes para reduzir a agressividade: Boxe, ténis (relva e mesa), futebol, voleibol, badminton.

Assistir a competições desportivas também reduz a agressividade. Os adeptos vivem as mesmas emoções que os atletas: os seus músculos ficam automaticamente tensos como se estivessem a participar no jogo. Estas emoções e o esforço físico "queimam" o excesso de adrenalina.

Os chamados exercícios cíclicos, que implicam movimentos elementares repetitivos, são muito úteis: correr, caminhar, nadar, andar de bicicleta. Estas actividades gastam muita energia e aliviam a tensão nervosa. Por mais irritação que sinta antes de começar a correr, ao fim do segundo ou terceiro quilómetro sentirá sempre um alívio e o pensamento: "A vida é óptima! É só isso que conta!"

Passatempos como "quem vai ganhar" (caça, pesca), ler romances policiais e ver filmes de suspense também são eficazes para reduzir a agressividade.

Para os homens, é mais fácil pôr em prática a maior parte das recomendações dadas. Estão mais interessados nelas. Além disso, as mulheres podem ser aconselhadas a fazer aeróbica (não aeróbica profissional, que está repleta de traumas, mas qualquer exercício executado com música) ou dança. Se não aguentar mais - basta partir um prato ou um copo de que não precisa. Sentirá o alívio imediatamente. (É interessante saber que se podem comprar no estrangeiro pratos e copos muito baratos, feitos especialmente para serem partidos).

A falta de uma forma de se livrar da agressividade não é apenas prejudicial. Também nos impede de viver e trabalhar plenamente. Para reduzir a raiva no trabalho, os japoneses inventaram o seguinte método. Numa sala especial, há manequins dos seus chefes - desde o diretor-geral até ao chefe da brigada. Cada empregado pode bater em todos os representantes da administração. Para o efeito, dispõem de equipamento especial com paus e chicotes. Este alívio psicológico melhora a atmosfera da equipa, aumenta a produtividade e a qualidade do trabalho.

O método lógico de supressão da agressividade é particularmente eficaz para as pessoas racionais que privilegiam a lógica em detrimento de tudo o resto. O mais importante para uma pessoa assim é descobrir a essência do acontecimento, pois evitar pensamentos negativos não tem qualquer efeito. A pessoa tenta concentrar-se nos seus problemas. Tudo o resto deve ser adiado até se encontrar uma saída para a situação. Este trabalho analítico acalma a pessoa, pois consome muita energia. Para além disso, a pessoa está envolvida no seu trabalho habitual (até certo ponto, favorito) - ela pensa. Como resultado, as emoções negativas diminuem.

Como controlar o egoísmo

Todas as pessoas normais gostam de si próprias. Cada um deve cuidar de si próprio para não ser um fardo para os outros. Por exemplo, deve cuidar da sua saúde, do seu futuro, do seu bem-estar, etc. *"O egoísmo não é amarmo-nos a nós próprios. Consiste em amarmo-nos a nós próprios mais do que o necessário"*, disse Aristóteles.

O amor de si do egoísta é hipertrofiado e a realização de qualquer tipo de objetivo é feita à custa de outras pessoas. Regra geral, uma pessoa persegue os seus próprios objectivos ou a obtenção de determinados bens através de um comportamento egoísta. Ao fazê-lo, porém, perde o seu bom nome. Se ganha a reputação de egoísta, perde ainda mais com o tempo: acaba num vazio, sem amigos, nada lhe é fácil em comparação com as outras pessoas. Ele é o perdedor.

Ultrapassem o vosso egoísmo se quiserem ser honrados.

MECANISMOS DE EMERGÊNCIA NÃO ACIDENTAL DE CONFLITOS

A principal diferença entre os conflitos não aleatórios e os aleatórios reside no facto de a existência de algumas contradições significativas entre as partes em conflito ser uma condição necessária para a emergência dos primeiros. Em contrapartida, esta condição não é necessária para os segundos. Esta diferença fundamental determina mecanismos diferentes para a emergência de conflitos acidentais e não acidentais e, por conseguinte, também fórmulas diferentes que descrevem a estrutura destes conflitos.

A existência de uma situação de conflito é a principal diferença na estrutura dos conflitos não aleatórios.

Uma situação de conflito é *uma contradição acumulada que está na origem de um conflito.* É preciso notar que uma situação de conflito é fundamentalmente diferente de um gene de conflito. Este último representa uma manifestação momentânea (uma palavra ou uma ação), ao passo que uma situação de conflito surgiu durante um período de tempo mais longo.

Incidente - (do latim *incidents* - que ocorre) - um choque entre partes, um acontecimento desagradável causado por uma ação ou declaração de uma das partes, que é visto pela outra parte como uma ameaça aos seus interesses. Um incidente é uma fonte de conflito que provoca o início de uma luta *aberta* entre as partes.

Um conflito é, portanto, *um confronto aberto.* Regra geral, uma situação de conflito não surge imediatamente, *uma* vez que *uma contradição cresce gradualmente.* Permanece latente até que um incidente a traga à luz, o que significa a eclosão de um conflito.

Mecanismos de emergência de conflitos que não são causados por acidentes

O primeiro mecanismo pode ser descrito pela seguinte fórmula:

Situação de conflito + Incidente ▶
Conflito (1)

Em termos muito simplificados, esta fórmula pode ser interpretada como "razão + causa conduzem a um conflito". Esta formulação simplificada é bem aceite e é recordada.

Em termos de tempo, os acontecimentos enumerados na fórmula (1) ocorrem exatamente na ordem em que estão escritos: Primeiro, as contradições formam-se num determinado período de tempo, o que representa uma situação de conflito. Depois, um acontecimento conduz a uma contradição aberta - um conflito.

A ordem das somas é de importância fundamental do ponto de vista da cronologia do desenvolvimento dos conflitos não aleatórios: primeiro, acumula-se uma contradição (situação de conflito). Em seguida, um incidente passa a uma fase aberta. Duas conclusões importantes podem ser tiradas da fórmula 1.

*Consequência 1: **Resolver um conflito significa***

1) *para eliminar uma situação de conflito;*

2) *para esgotar um incidente.*

É óbvio que a primeira tarefa é mais difícil, mas também mais importante.

Infelizmente, na prática, na maioria dos casos, tudo se limita a esgotar um incidente.

Um exemplo prático: *dois empregados que trabalham juntos não se davam bem. Um dia, um deles não se exprimiu corretamente, o outro ficou ofendido, bateu à porta e queixou-se do primeiro. O supervisor chamou o "culpado" e fê-lo pedir desculpa. "O incidente terminou", disse o supervisor com satisfação, o que significa que o conflito tinha sido resolvido. Será assim?*

Passemos à fórmula de um conflito. Neste caso, o conflito é uma queixa (confronto aberto), a situação de conflito é uma relação tensa entre colegas, o incidente é uma declaração infeliz. Depois de o trabalhador ter pedido desculpa, o gestor esgotou efetivamente o incidente.

E quanto à situação de conflito? Não só se manteve, como até se intensificou. O "autor" não se considerou culpado, mas teve de pedir desculpa, razão pela qual a sua antipatia para com o queixoso só aumentou. Este, por sua vez, sentiu-se novamente insultado ao aperceber-se da intenção e da falta de sinceridade da pessoa que pediu desculpa.

Por conseguinte, o superior hierárquico não resolveu o conflito com a sua abordagem formal, mas apenas agravou a situação de conflito (más condições), aumentando assim a probabilidade de as relações entre estes trabalhadores voltarem a ficar tensas.

Um conflito interpessoal pode ser comparado a uma erva daninha numa horta: Uma situação de conflito é a raiz da erva daninha e um incidente é uma parte superficial. Se cortarmos as pontas desta erva daninha mas não tocarmos na raiz, apenas estimulamos o seu crescimento. E é muito mais difícil remover a raiz que se espalhou. O mesmo se aplica a um conflito: se tentarmos acabar com um incidente mas não tivermos resolvido uma situação de conflito, criamos as condições para que o conflito se intensifique.

*Consequência 2: **Se uma situação de conflito não puder ser eliminada, pode ser evitado um conflito, pelo que os incidentes não são aceites.***

A segunda fórmula para um conflito.

As nossas vidas estão cheias de contradições e, por isso, não somos confrontados apenas com uma única situação de conflito num dado momento, mas com várias. É por isso que o segundo mecanismo de emergência não aleatória de conflitos está em ação. É descrito pela seguinte fórmula:

Várias situações de conflito conduzem a um conflito.

(2)

As situações de conflito devem ser independentes e não derivar de outra. Esta fórmula complementa a primeira fórmula de conflito, segundo a qual cada situação de conflito pode desempenhar o papel de um acontecimento nas suas manifestações.

As duas fórmulas <u>de um conflito podem</u> ser expressas de forma resumida

$$CS + I \rightarrow C \qquad (1)$$

$$CS_1 + CS_2 + ... \rightarrow C \qquad (2)$$

em que C é um conflito, I é um incidente, CS, CS1 CS2 situações de conflito.

Estas fórmulas podem ser representadas graficamente através de vectores:

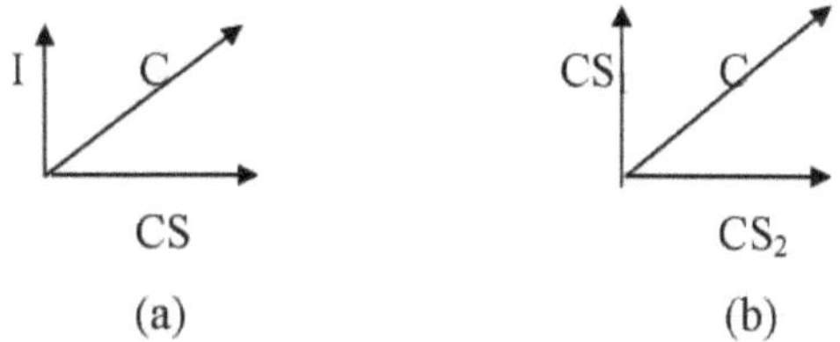

Fig. 2: A primeira (a) e a segunda (b) fórmula de um conflito.

Mostramos como as fórmulas de conflito ajudam a encontrar as verdadeiras razões (causas) de certos conflitos.

Situação 1: Furto de caixas de correio

Alguém começou a roubar jornais e revistas da nossa caixa de correio. Os membros da família estavam ausentes durante a maior parte do dia e o culpado tinha todo o tempo que quisesse para fazer as suas travessuras. Se fizermos a correspondência "poste restante", temos de ir todos os dias aos correios para a ir buscar, o que é muito aborrecido. O autor colocou-se na pele do infrator para encontrar uma solução. O que é que lhe facilita o trabalho? - O facto de os inquilinos raramente estarem em casa durante o dia e não conhecerem muito bem os vizinhos que vivem nos outros andares. E, sobretudo, não fazem a mínima ideia de quem tem a ver com uma ou outra caixa de correio. Por isso, mesmo um encontro casual com alguns inquilinos não é muito perigoso para o ladrão no momento do roubo. Ele pode fingir que tirou o correio da sua caixa de correio, ou dizer que se enganou ou que o proprietário lhe pediu para recolher as cartas.

A situação de conflito resulta assim da facilidade do roubo, do facto de ninguém prestar atenção à pessoa que abre a caixa do correio e de o ladrão ter algumas desculpas.

É então necessário privar o infrator destes "confortos".

Por exemplo, pode publicitar o facto dos roubos para informar os inquilinos sobre os mesmos e avisá-los de que qualquer pessoa pode ser a próxima vítima. Consequentemente, terão mais cuidado com quem recebe as cartas e com a caixa de correio que é aberta. É igualmente importante informar o ladrão. A maneira mais fácil de o fazer é afixar um aviso.

A segunda situação de conflito é, portanto, uma contradição na avaliação das acções do ladrão, por um lado, pelo próprio ladrão e, por outro, pelas vítimas do roubo.

É assim que aparece o texto de um anúncio:

Caros vizinhos!

Há um ladrão na nossa casa.

Ele ou ela limpa sistematicamente as nossas caixas e avalia a sua consciência de acordo com o valor dos jornais roubados.

Vamos apanhar o ladrão e dar-lhe uma lição!!!

A palavra LADRÃO foi destacada a vermelho em ambas as vezes.

O autor colou o bilhete numa porta aberta da casa (era verão) para que não pudesse ser arrancado.

O bilhete "queimou" o ladrão quando foi retirado na segunda noite. E várias edições roubadas foram devolvidas à nossa caixa.

Mas o mais importante é que os roubos pararam! E nunca mais aconteceram.

Este resultado é aleatório? Nós afirmamos que não. E esta é a razão.

Nesses anos, o autor organizou cursos quase semanais de psicologia de gestão com executivos de empresas de Minsk. Esta situação, denominada "caixa de correio", era incluída nos jogos de empresa para desenvolver a empatia. Muitos formandos utilizaram este método nas suas casas e relataram a sua eficácia (nos nossos encontros posteriores).

As fórmulas de conflito (1) e (2) permitem compreender a natureza de todos os conflitos não aleatórios - desde os conflitos locais que prejudicam uma pessoa até aos conflitos globais, como a crise mundial que começou em 2008. Por outro lado, um conhecimento insuficiente destas fórmulas pode conduzir a erros estranhos.

Situação 2 Crise global

Um exemplo é o artigo "O culpado da crise financeira mundial foi encontrado" ("Komsomolskaya Pravda" (Ucrânia), 10 de fevereiro de 2009). Eis um extrato deste artigo,

"O analista Douglas Macintyre identificou a pessoa que deu "o primeiro passo" numa longa sequência de acontecimentos que conduziram ao atual colapso da economia mundial", refere o _newsru.com_, citando a revista Time.

No fim de contas, o verdadeiro culpado da crise financeira mundial foi alguém que comprou uma casa em Stockton, na Califórnia, em 2003. Recebeu um empréstimo hipotecário de 250.000 dólares sem entrada. 39 meses depois, perdeu o emprego e declarou falência em 2006. De acordo com o artigo, a Countrywide Archives, a empresa que concedeu o empréstimo, deve ter o seu nome, morada e número de telefone.

De acordo com as estimativas de Macintyre, registou-se apenas uma ligeira queda nos preços das casas na vizinhança no dia do primeiro incumprimento inesperado. Mas, depois, a pessoa seguinte nesse conjunto de hipotecas recusou-se a pagar o empréstimo, outras seguiram o exemplo - a tendência continuou até que, pouco depois, se seguiu uma avalanche de incumprimentos, derrubando primeiro o mercado imobiliário americano e depois toda a economia global".

Ao mesmo tempo, os especialistas sublinham que os incumprimentos hipotecários em massa foram causados pelo sistema hipotecário desenvolvido por Wall Street no início da década de 2000 e destinado a mutuários com fraca notação de crédito. Estas hipotecas "para os pobres" foram designadas por "subprime" e foram concedidas em grande escala a partir de 2003. Nalguns casos, não era exigida uma entrada nem informação sobre os rendimentos.

Nos primeiros três anos, os pagamentos foram efectuados a uma taxa de juro preferencial, mas quando o aumento total dos pagamentos ao abrigo do esquema em 2006-2007 coincidiu com o aumento da taxa de desemprego nos EUA, começou uma "avalanche" de insolvências e despejos. Para piorar a situação, foram criados títulos derivados para estes empréstimos. Em consequência, o preço destes títulos baixou e seguiu-se uma crise de crédito, com a falência de um grande número de maus empréstimos em 2007.

A primeira situação de conflito foi, portanto, o regulamento hipotecário, que tornou possível a concessão de empréstimos não garantidos.

A segunda situação de conflito foi o desenvolvimento de valores secundários.

A primeira situação de conflito conduziu a uma crise hipotecária nos Estados Unidos. O incidente (o primeiro gene de conflito) ocorreu quando um dos mutuários perdeu o emprego (a quem o analista D. Macintyre chamou o "originador da crise financeira").

A segunda situação de conflito conduziu a uma escalada da crise hipotecária para uma crise do sistema financeiro dos EUA.

A razão para a escalada para uma crise financeira global foi a **terceira situação de conflito**, nomeadamente a dependência do sistema financeiro global das finanças dos EUA e da taxa de câmbio do dólar americano.

TIPOLOGIA DOS CONFLITOS SEGUNDO O SEU GRAU DE CONTINGÊNCIA - INEVITABILIDADE

A tipologia baseia-se num certo número de critérios de classificação essenciais. O autor escolheu o seguinte princípio como base para a classificação dos tipos de conflito: Presença ou ausência de contradições significativas (acumuladas) entre as partes. Se existirem, trata-se de conflitos não acidentais; se não existirem, trata-se de conflitos acidentais.

Os mecanismos de emergência dos conflitos aleatórios e não aleatórios são fundamentalmente diferentes. Verificou-se igualmente que existem dois mecanismos de emergência de conflitos não aleatórios, que são expressos pelas fórmulas (1) e (2). Por conseguinte, faz sentido basear uma tipologia mais pormenorizada dos conflitos nos seus mecanismos de emergência.

Conflict type	Mechanism of conflict origin	Presence of conflict situations	Degree of conflict inevitability
A	Conflictgenes escalation law	No	Accidental
B	First formula of a conflict	One	Logic
C	Second formula of a conflict	Two and more	Inevitable

Tipo A: Os conflitos deste tipo são aleatórios, uma vez que não existe uma situação de conflito, e: 1) o primeiro gene de conflito é frequentemente aleatório; 2) nem todos os genes de conflito conduzem necessariamente a um conflito; 3) um gene de conflito não pode seguir-se como reação.

Tipo B: Se uma situação de conflito não for resolvida, mais cedo ou mais tarde haverá um conflito. Neste sentido, é lógico. Se existir uma situação de conflito, ou seja, uma contradição acumulada, basta um único acontecimento (incidente), mesmo insignificante, para que surja um conflito. Qualquer gene de conflito pode desencadear um conflito por acaso.

Tipo C: Se existirem várias situações de conflito, o conflito é inevitável se não forem resolvidas. Cada nova situação de conflito apenas aumenta o número de contradições, o que significa que a probabilidade de conflito aumenta, ou seja, é muito mais elevada do que no tipo B.

Os tipos A, B e C abrangem todos os modelos de conflito possíveis. Constituem a base para o desenvolvimento de *algoritmos de prevenção e resolução de conflitos*.

ALGORITMO DE RESOLUÇÃO DE CONFLITOS

A verdade é o que se prova na prática.

A. Einstein

Uma situação de conflito é um diagnóstico da "doença da interação" chamada "conflito". O tratamento de qualquer doença só é eficaz com um diagnóstico correto. Por conseguinte, o diagnóstico é a primeira tarefa do tratamento.

A resolução de conflitos é analógica. O primeiro e mais importante ponto é a formulação correcta das situações de conflito. A minha experiência de muitos anos na resolução de conflitos permitiu-me formular várias regras que permitem encontrar *as verdadeiras causas* dos conflitos. Com base nisto, existe um algoritmo de ação para determinar todos os componentes de conflitos não aleatórios.

Regras para a formulação de uma situação de conflito

A formulação correcta de uma situação de conflito desempenha um papel fundamental na resolução de um conflito

Fornecemos as regras que fazem deste processo a forma mais eficaz de resolver um conflito.

Regra 1: Uma situação de conflito é o que deve ser eliminado

Consequentemente, tais formulações não são adequadas: uma situação de conflito - "nesta pessoa", "na situação socioeconómica", "na falta de autocarros na linha", etc. Como não temos o direito de eliminar uma pessoa em geral, uma situação socioeconómica isolada, nenhum de nós aumentará o número de autocarros na linha. É preciso encontrar situações de conflito que possam ser eliminadas - como na situação dos roubos de caixas de correio.

Regra 2: Uma situação de conflito é sempre precedida de um incidente e de um conflito (ver a primeira fórmula de um conflito). Representa uma causa de origem de um conflito e desenvolve-se normalmente durante um longo período de tempo. Uma ação pontual (ato, declaração) não pode, portanto, ser descrita como uma situação de conflito.

Regra 3: A redação deve sugerir o modelo de resolução de conflitos e a pessoa que o executa (por exemplo, colocar um bilhete com o conteúdo adequado na situação com uma caixa de correio).

Regra 4: Faça a si próprio a pergunta "Porquê?" até descobrir a causa de um conflito que leva a outros conflitos.

As perguntas "Porque é que isto aconteceu?", "Porque é que isto é assim?", etc. permitem passar gradualmente da causa superficial para a causa real.

Se nos lembrarmos da analogia com a erva daninha, isto significa o seguinte: Não arrancar apenas uma parte da raiz - o resto continuará a reproduzir-se como erva daninha. Remova todos os rebentos (embriões de um conflito).

Regra 5: Formule uma situação de conflito com as suas próprias palavras, se possível, e não repita as palavras da descrição de um incidente e das acções de conflito.

A questão é que, quando se discute um conflito, fala-se muito sobre os seus lados irritantes óbvios, ou seja, sobre as acções conflituosas do outro lado e sobre um incidente, ou seja, sobre o que está relacionado com uma parte aberta de um conflito. Chegamos a reconhecer uma situação de conflito após algumas deduções e a eliminação de pormenores secundários, que estão normalmente associados a emoções. Regra geral, as palavras que não estavam presentes na descrição original de um acidente aparecem na formulação e revelam a essência de um conflito, as suas causas.

Regra 6: Utilize um número mínimo de palavras na sua redação.

Em muitas palavras, um pensamento é apresentado de forma vaga e há ruído de fundo, o que torna a definição de acordo com a regra 3 particularmente difícil.

Algoritmo para todos os elementos de uma declaração de conflito

O algoritmo consiste numa série de perguntas que devem ser respondidas:

1.   Existe um conflito?

Se existir um conflito, formule-o da forma mais sucinta possível. Por exemplo, uma discussão, uma queixa, uma acusação, uma ameaça, a intenção de se apoderar de um objeto (a que várias partes têm direito), etc. É importante que estas acções tenham um carácter aberto, pois um conflito é um confronto aberto entre as partes.

Se não houver conflito propriamente dito, procure o que pode levar ao conflito - genes de conflito (Cg) e situações de conflito (CS) - algo que nos fez pensar em conflito. A sua presença mostra-nos onde existe o risco de surgir um conflito e ajuda-nos a tomar as medidas adequadas.

2.   Fazer a seguinte pergunta: A SC existe?

2a) Se sim, procuramos o próximo (CS2)

2b) Se houver apenas uma SC, procuramos um acontecimento (I).

3.   Se existir o CS2, procuramos o CS3, o CS4, etc.

Desta forma, é possível identificar e descrever todos os elementos de um conflito de forma normalizada.

O algoritmo acima pode ser representado de acordo com o seguinte esquema

(Fig. 3) com as variantes acima descritas.

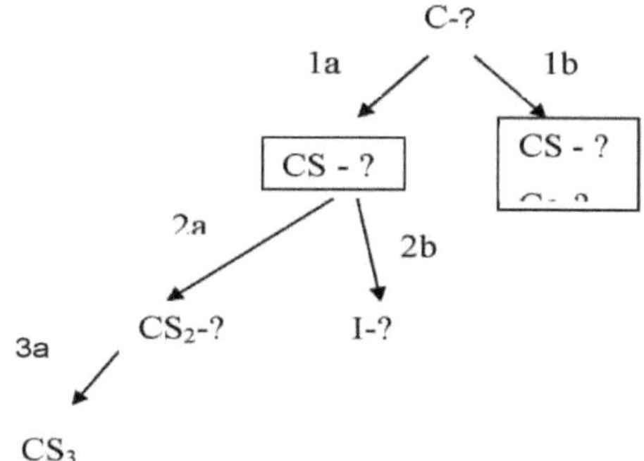

Fig. 3 Algoritmo de revelação de um elemento de conflito

A experiência prática na resolução de conflitos demonstrou a eficácia deste algoritmo.

REFERÊNCIAS

Sheinov V.P. Gestão de conflitos: Teoria e prática - Minsk: Kharvest,

2010. - 912 p. Em russo: *[Шейнов, В.П.* Управление конфликтам:

теория и практика / *В.П.* Шейнов. - Минск : Харвест, 2010. - 912 с.]

Sheinov V. P. A Arte de Gerir Pessoas (A Biblioteca de Psicologia

Prática) - Moscovo: AST, Minsk: Kharvest, 2007 - 512 pp. Em russo:

[Шейнов, В.П. Искусство управлять людьми (Библиотека

практической психологии) / В. П. Шейнов. - Москва : АСТ, Минск :

Харвест, 2007. - 512 с.]

Sheinov V. P. Conflicts in Our Life and How to Solve Them

(Conflitos na nossa vida e como resolvê-los). - Minsk: Amalfeya, 1996.

288 pp. *[Шейнов, В. П.* Конфликты в нашей жизни и их разрешение /

В. П. Шейнов. - Минск : Амалфея, 1996. - 288 с.]

Índice

PREÂMBULO 1

TIPOS BÁSICOS DE CONFLITOS 2

MECANISMO DE EMERGÊNCIA DOS CONFLITOS
ALEATÓRIOS 5

CINCO REGRAS PARA UM COMPORTAMENTO SEM
CONFLITOS 10

A CLASSIFICAÇÃO DOS GENES DE CONFLITO 13

COMO EVITAR OS GENES DO CONFLITO 22

MECANISMOS DE EMERGÊNCIA NÃO ACIDENTAL
DE CONFLITOS 26

TIPOLOGIA DOS CONFLITOS SEGUNDO O SEU
GRAU DE CONTINGÊNCIA - INEVITABILIDADE 34

ALGORITMO DE RESOLUÇÃO DE CONFLITOS 36

REFERÊNCIAS 40

I want morebooks!

Buy your books fast and straightforward online - at one of world's fastest growing online book stores! Environmentally sound due to Print-on-Demand technologies.

Buy your books online at
www.morebooks.shop

Compre os seus livros mais rápido e diretamente na internet, em uma das livrarias on-line com o maior crescimento no mundo! Produção que protege o meio ambiente através das tecnologias de impressão sob demanda.

Compre os seus livros on-line em
www.morebooks.shop

Printed by Books on Demand GmbH, Norderstedt / Germany